El silencio del águila

El silencio del águila

Mauricio A. Paz Manzano

www.librosenred.com

Dirección General: Marcelo Perazolo
Diseño de cubierta: Laura Gissi
Ilustración de cubierta: Andrea María Paz Guerra
Ilustraciones: Andrea María Paz Guerra

Está prohibida la reproducción total o parcial de este libro, su tratamiento informático, la transmisión de cualquier forma o de cualquier medio, ya sea electrónico, mecánico, por fotocopia, registro u otros métodos, sin el permiso previo escrito de los titulares del Copyright.

Primera edición en español - Impresión bajo demanda

© LibrosEnRed, 2021
Una marca registrada de Amertown International S.A.

ISBN: 978-1-62915-464-0

Para encargar más copias de este libro o conocer otros libros de esta colección visite www.librosenred.com

Con amor y agradecimiento a mi esposa, mis hijos y mis hijas. Dedicado especialmente a Mauricio Alejandro.

Prólogo

La narración es agradable, tierna y conmovedora, y atrae el interés del lector, quien progresivamente va descubriendo a su protagonista y su ambiente. Al mismo tiempo el protagonista lleva al lector de la mano para informarle cómo él percibe su "realidad" antes y después de darse cuenta de quién es y descubrirse físicamente "diferente", al compararse con su madre y con sus hermanos, y cómo repercute en él y en los demás miembros de la familia esa "diferencia".

Si salimos de la narración y la llevamos a la vida cotidiana, podemos decir que el individuo es el único que puede solucionar sus situaciones mediante el poder de la voluntad, pues la fuerza de la motivación interna y no externa es la que conduce al éxito.

Llevándolo a nuestra experiencia, podemos decir que una vez que nos damos cuenta de quiénes somos (nuestra esencia) y que descubrimos nuestro potencial, somos capaces de alcanzar la superación y el éxito. Eliminamos miedos porque retomamos confianza en nosotros mismos.

Zulma Estela Galdámez

Psicóloga
Miami, Florida
zulmae@gmail.com

I. El descubrimiento

Cuando nací, no me daba cuenta de que sería muchos años después que comprendería lo que tenía y lo que sentía y de cómo con el paso lento del tiempo aprendería a ser lo que debía ser, a tener lo justo. ¡Sí!, muchos años después de entender la diferencia.

Siempre estaba cerca de mi madre, o era ella quien procuraba estar cerca de mí. Era ella quien me decía "¡Cuidado, hijo!… ¡No, hijo, ahí no!; ¡no se mueva, hijo!".

Había ocasiones en que sentía el impulso, no sólo de mirar a mi alrededor, sino de moverme, pero de golpe la mirada de mi madre me maniataba y me inmovilizaba. No supe cuándo descubrí su hermosura. Era gallarda, altiva y valiente, ya que le decía infinidad de cosas a quien se atrevía a decirme algo o a quien se atrevía a mirarme. Aprendí a amarla, y mi necesidad era estar junto a ella, o al menos eso creía y entendía.

...la mirada de mi madre me maniataba y me inmovilizaba...

Mamá sabía cuándo tenía hambre, era dinámica, vendía muchas cosas y se enojaba con quienes antes de comprarle, le regateaban demasiado. Vendía y vendía, y mientras tanto, yo pasaba en un rincón de la acera de la casa, sin casi moverme, pero observando, y poco a poco, al fijar mi mirada fui descubriendo los colores, los sonidos, mi entorno; y comprendiendo por qué de repente mamá se me acercaba con lágrimas en sus bellos y afilados ojos, brindándome caricias y el alimento que me hacía vivir los días.

Al principio observaba que quienes venían a la tienda estiraban sus pescuezos, buscándome, y se recogían al detectar el lugar donde me encontraba, estremecidos. Muchos se apresuraban a pagarle a mamá, y partían rápidamente después de haberme encontrado, pero me reconfortaba, después de eso, la mirada amorosa de mamá, cerraba su ojo izquierdo y me tiraba besos, obviamente, los atrapaba con mis ojos y los acercaba a mi cuerpo, a mi rostro, y eso era vivir.

Una mañana vi a una hormiga que caminaba jadeante frente a mí, cargaba algo muy grande, más que toda ella. Observé que estaba cansada, pero no dejaba de caminar, pasó de frente sin mirarme, caminó hasta que ya no la pude percibir. Esa fue la mañana que empecé a observarme, a observar a mamá, ¡comparándola conmigo!

Una mañana vi a una hormiga que caminaba jadeante
frente a mí... cargaba algo muy grande...

Tuve una conmoción, como la sacudida de un mar bravo sobre el cuerpo maltrecho de un pequeño despreocupado e inocente. Mamá tenía dos patas hermosas; garras fuertes y consolidadas; un plumaje colorido, frondoso y bello que adornaba sus grandiosas alas; una cabeza erguida y digna; dos ojos profundos y avezados, un pico sublime y poderoso.

Al mirarme, me vi extraño, raro. Años después entendería lo que es sentir miedo de uno mismo, mis patas eran una especie de palitos sin definición, como dos pequeños espaguetis parecidos a dos cuerdas delgaditas y cherches que terminaban en dos garras desproporcionadas; además, mi plumaje no tenía color, y una de mis alas era más corta que la otra; sentí mis ojos, pero al mirarlos en un espejo, observé que eran pequeños, casi imperceptibles; y mi pico era aguado como un pepino marchito. ¡Era yo!, ¡y no era yo!, hasta mi cabeza era diferente, tan pequeña, que la lozanía probablemente se había quedado dormida en otro cuarto cuando yo nací.

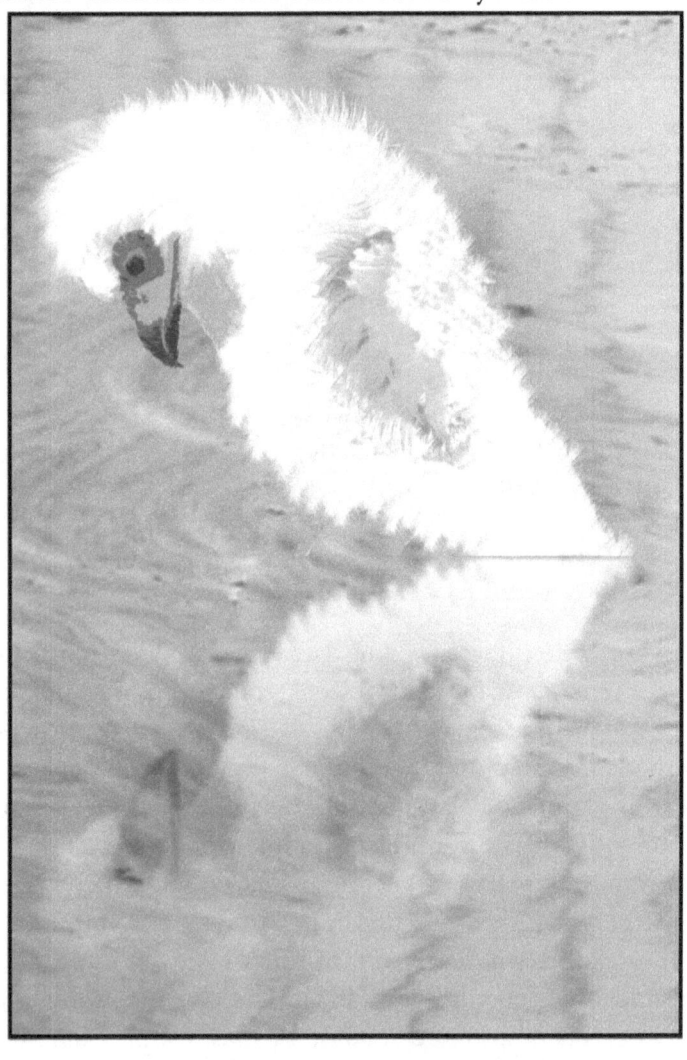

Al mirarme me vi extraño, raro...

Sentía que mis ojos se humedecían y me hacían ver por un momento la penosa realidad, la verdad de un aguilucho, maltrecho en su rincón; que de repente se volvía triste y gris. La verdad de un hogar estremecido por un huracán arrogante y perverso. Esa mañana murió mi comodidad, mi hábitat natural.

II. La familia

Vivíamos en el centro de un gran acantilado, y ahí mis padres habían construido su nido de amor, donde nacimos sus hijos y sus hijas. Mis hermanos y mis hermanas apenas se detenían a mirarme, y mi padre me miraba con tristeza y se lanzaba veloz hacia los aires, luego de dispararle un beso fugaz a mi madre, quien lo despedía, siempre, con pasmosa serenidad y comprensión.

Todos se levantaban temprano y salían del hogar, regresando ya de noche. Solo quedábamos mamá y yo. Muchos y muchas venían hasta las afueras de nuestro hogar, casi siempre a comprarle a mamá. Ella era muy conocida, ¡sí!, por la tienda, por haberse casado con mi padre, por tener hijos apuestos e hijas hermosas y por tenerme a mí.

Al anochecer, cuando mis hermanos y mis hermanas llegaban, los observaba y me daba cuenta de que estaban llenos de plenitud, entendía por qué se me acercaban y con sus alas me acariciaban la cabeza sin decir nada, y yo, acostumbrado a ese ritual, solo ladeaba mi cabeza, consintiendo este homenaje de cariño silencioso... Entendí, también, cuando todos dejaban de ver la televisión, porque mi padre se acercaba fortachón, y me levantaba del piso y me llevaba adentro de la casa, a un rinconcito, donde mi madre me pudiera ubicar rápidamente, y luego ella se me acercaba para darme unas palmadas de amor con sus alas, que derrochaban una suavidad somnífera. Nunca supe cuánto tiempo mamá permanecía a mi lado, en la oscuridad de mi rincón, hasta que yo me dormía. Mamá era partidaria de dar a los hijos el tiempo que cada uno de ellos merecía, y no se justificaba, como algunas veces escuché decir a mi padre, con que lo importante era la calidad del tiempo y no la cantidad. No entendía bien el significado de las afirmaciones de ellos, pero al final, me sentía mucho mejor con mamá. Al amanecer, siempre el alboroto permanente, producto de una familia numerosa, los gritos constantes y estridentes sin razón, las culpas y las quejas de lo que hermanos y hermanas se hacían mutuamente. Y luego el silencio.

Algunas veces, antes de ir a trabajar, papá me decía "¿Cómo amaneció mi campeón…?", y sin mirarme y sin ningún interés por esperar respuesta, era él quien me llevaba al rincón donde pasaría las horas galopantes del día, solo con mi silencio.

III. El propósito

Recordé que siempre había escuchado a algunos de los visitantes decir: "¡Dios sabe por qué pasan las cosas!; ¡hay que aprender a no quejarse!; ¡Dios les da hijos especiales a padres especiales!; ¡la verdad es que pudo ser peor!". Esa noche empecé a comprender que no era como los demás... y me pregunté, sin encontrar respuesta en el eco de la angustia, "¿Por qué soy diferente?".

Esa mañana, me sentía incómodo, y fue cuando vi a la hormiga del día anterior. Observé sus patas, eran pequeñas, menudas, débiles, y en un segundo violento y trepidante, volví mi mirada hacia mis patas, y las vi enormes y fuertes, y me pregunté por qué, si ella podía caminar, yo no.

En ese instante, no sabía lo poderoso que es para un ser vivo proponerse algo y esforzarse por conseguirlo. Quise caminar, pero no me movía, sinceramente no sabía cómo hacerlo, no sabía mover ninguna parte de mi cuerpo. Esa mañana traté de no desesperarme e intenté mover mis alas, mis patas, ¡no sé cuánto tiempo estuve pensando en cómo hacerlo!, y lo volví a intentar. Pero no fue hasta que una mosca terca se detuvo a descansar sobre mi pico, que mi ala izquierda se movió, fue un reflejo luminoso y lleno de asombro y complacencia. Por segunda vez en mi vida, mis ojos se llenaban de una agüita limpia que me hizo sentir bien.

Pasaron los días, y poco a poco la pericia se apoderó de mis alas. Era mi secreto, hasta que una mañana mamá gritó asustándome, ella me había descubierto en un momento en que yo movía mis alas con gran diligencia. Hasta había aprendido a hacer rutinas de mis movimientos. Mamá se acercó y me abrazó con fuerza, y con su enorme pico empezó a comerme a besos llenos de alegría explosiva. Se quedaba mirándome y me decía: "Mueva sus alitas, mi pequeño príncipe, vamos a ver, déle gusto a su mamita", y yo con una sonrisita picarona, las movía para darle el gusto a mamá. Esa noche, mamá me acostó en su cama, luego de explicar como cien veces a mi padre, hermanos y hermanas, la gran hazaña que su pequeño aguilucho discapacitado había logrado. Mis hermanos, mis hermanas y hasta mi padre me miraban de otro modo, como si no fuera lo que era. Por mi parte, no olvidé el propósito que quería alcanzar, ¡caminar!

IV. La perseverancia

¿Cuál es la palabra que, al pronunciarse, deja de existir? preguntaban por la radio después de unos minutos. La voz que se escuchaba decía que la respuesta era "silencio". Yo era amigo del silencio, de hecho, éramos más que hermanos, siempre me había tendido la mano, como nadie. Y nunca se cansó de ayudarme, eso lo diferenciaba de algunos seres que con ayudar una o muchas veces quieren que se les rinda pleitesía y dejan de ayudar a los demás, aún y cuando estos sigan requiriendo de su apoyo. El silencio para mí era único y excelso, amigo como pocos, incluso me había tratado mejor que algunos miembros de mi propia familia. En él me refugiaba.

Esa mañana, mamá se me acercó, y puso una galleta en mi pico, se la rechacé y sin qué ni para qué, le dije:

—¡Quiero caminar!

Mamá cayó de espaldas, sin comprender si era verdad lo que había escuchado. Se incorporó y se acercó nuevamente, tan cerca, que su pico rozaba mi pecho, y sus ojos penetraron los míos, inquisidores. Decidido, volví a expresarle:

—¡Quiero caminar!

Y ella rompió en llanto y me abrazó fuerte, lloraba en silencio, me sostuvo en sus alas tanto tiempo, que llegaban clientes y sin escucharlos les decía:

—¡Vengan mañana!

Repentinamente, se sentó en mi rincón, y me dijo:

—Hijo, vamos a ver, diga "¡mamá!".

Yo lo intenté, y salió de mi pico, un "¡Mamita!", y mamá me durmió con sus besos. Cuando desperté, mamá hizo algo inusual para nuestra especie: me amarró como pudo, me subió sobre sus espaldas, y me llevó a volar. Me maravillé cuando vi lo que no conocía al lado del ser más especial que puede acompañarnos en la vida. Ese fue mi primer gran vuelo al lado de mi madre, y a partir de la tarde del día en que hablé por primera vez, mamá empezó a pensar en quién podría administrar su negocio. Solo recuerdo que mamá dijo:

—Hijo mío, ¡quiere caminar!, ¡pues va a caminar!, y desde ese día mamá hizo suyo mi propósito.

Recuerdo que salíamos temprano. Mamá optó por dejar el negocio a una prima suya. Cuando regresábamos le revisaba papeles, informes y controles y le hacía infinidad de preguntas sobre cómo había transcurrido el día. Mientras su prima atendía la tienda, volábamos grandes distancias, visitando hospitales y médicos, para que me brindaran el tratamiento adecuado y lograr el propósito que ambos deseábamos. Por más respuestas negativas que recibía, pues mis patas eran débiles, mamá insistía, preguntaba, y de nuevo a volar para visitar a uno y otro médico, brujo, o lo que fuera. Hasta el día en que un médico, para quitársela de encima y no defraudarla, le dijo que tal vez con terapia intensiva la motricidad pudiera nacer en mí. Mamá preguntó dónde podría recibirla, y él le dijo que en el Hospital La Excepción, que incluso hasta a ella le podían enseñar a dar terapia, para que después de cierto tiempo fuese ella la que continuara el tratamiento en la casa. También preguntó dónde estaba ese lugar.

—En el acantilado La Esperanza —musitó el médico.

—¡Híjole!, está como a cien kilómetros de la casa... —y bajó su cabeza agotada, pero de repente la irguió y me dijo—. ¡Vamos a conocer ese hospital!, ¡vamos, pequeño!

Mamá pasó cuatro años, de lunes a viernes, llevándome a ese hospital. Allí yo recibía atención y me preparaba para usar unos aparatos que estirarían mis patas; la terapia las fortalecería hasta que llegara el momento del intento. Durante esos cuatro años, mamá se fue agotando, la veía inmóvil, quería acercarme y acariciarle la frente, para que durmiera profundamente y descansara mucho, pero solo eran deseos.

Y el momento llegó. Mamá sufrió un desmayo cuando vio que yo caminaba con los aparatos en el Hospital, luego de tanto tiempo de viajar y viajar sin descanso. Logré caminar con dificultad, debido a que una de mis patas también era más corta que la otra, por eso mi andar era pendular y ladeado, de una a otra de mis alas.

Durante esos años, mamá trasladó el negocio hacia otro acantilado más popular, y a pesar de no estar ella al frente, por el solo hecho del cambio de lugar, las ventas aumentaron, y ella, entendió el secreto de la delegación, cuando vio que a su prima le gustó atender el emprendimiento y aprendió a hacerlo con eficiencia y con eficacia. Mamá obtuvo la experiencia de dirigirla solo a base de controles sencillos y adecuados, sin permanecer tiempo en el negocio, porque me lo estaba dedicando a mí. Con sus reflexiones había entendido que el éxito del negocio estribaba en cuánto tiempo podía permanecer alejada de él: cuanto más lejos, más éxito. Pero es claro que nunca perdió el control. Por ello, con los informes y con los controles adecuados, el negoció floreció cada vez más. Mi madre le enseñó a su prima que la clave era comprar, cuanto más barato, mejor, sin descuidar la calidad, y vender a precios justos, dando un trato digno a todas las águilas que llegaran. Al final, mi hermana mayor también aprendió todos estos secretos, y la sucesión, con el transcurso de los años, recayó en ella. Junto a mí, no tuvo necesidad de volver a hablar de su tienda, y fue de esa manera que mi madre se comprometió por siempre conmigo.

Aún recuerdo la ocasión en que mis padres discutían por la decisión de cambiar el negocio de risco y la delegación total en la prima de mi madre.

—¡El águila que tiene tienda que la atienda! —decía papá.

—Siempre voy a controlar, pero necesito tiempo para nuestro hijo, y delego en mi prima porque confío en ella, porque ya aprendió, conoce y le gusta el negocio… —replicaba mamá.

—El dinero es tentación… Te va robar poco a poco, y cuando sientas, no habrá tienda… —aclaraba papá, incómodo e inquieto.

—Es un riesgo que debo correr. La verdad es que necesitamos más ingresos y con el cambio de lugar, sé que las ventas se incrementarán, ahí circulan más águilas a toda hora… Estuvimos contando cuántas pasaban en una hora y contamos más de doscientas, y nuestros productos son populares… todo encaja…

—¿Y por qué tu prima?, ¿por qué no uno de nuestros hijos o hijas?

—Eso ya lo pensé, pero debo saber quién despunta de ellos o ellas para el negocio… ya sabes que la mayoría de las águilas jóvenes estudian y se preparan para ser empleados y empleadas, no para asumir riesgos en la creación y en la organización de sus propios negocios… Por el momento mi prima lo hará bien, y la controlaré todos los días… debemos pensar en nuestro hijo, regalarle el tiempo que necesita, no el que nos sobra a nosotros… —le decía finalmente mamá, abrazándolo compasivamente.

Mamá puso acción a sus palabras, y con entusiasmo y no sin dejar de mostrar un miedo natural, se embarcó, comprometida, en el viaje desconocido para que dominara mi acción de caminar con los aparatos. A raíz de ello, y dado que todo se logra con la práctica, me hice, poco a poco, un experto en ese tipo diferente de caminar, que me dio más confianza. Eso permitió que mis hermanos y mis hermanas, hasta mi padre, me tuvieran más confianza, y la relación con todos y todas mejoró sustancialmente.

V. El sueño

Todo cambió en casa: mis hermanos y mis hermanas me incluyeron en sus juegos, me hacían bromas y me pedían opinión en sus discusiones; papá ya no esquivaba su mirada, por el contrario, pasaba más tiempo con nosotros, trabajaba como un burro, pero se percibía que se sentía bien en casa. Ahora me miraba, me abrazaba y besaba con fuerza, y hacía lo mismo con todos los demás, y con mamá. Una noche escuché que le decía a mamá que había soñado con varios tigres hambrientos que perseguían a un pequeño aguilucho que corría delante de ellos despreocupado. Y eso lo tomaba como un presagio a mi favor.

En una ocasión que mamá salió, le pedí acompañarla, y ella me dijo que me llevaría a la escuela donde estudiaban mis hermanos y mis hermanas, yo le pregunté a qué iban ellos a la escuela, y ella tajante expresó:

—¡A aprender a volar!, ¡a ser águilas! Hijo… ¿a qué más pueden ir las águilas a la escuela? —preguntó.

Sus palabras quedaron jugueteando en mi mente, y fue en ese momento que le dije:

—¡Quiero aprender a volar!, ¡quiero volar!

Mamá, sonriendo, de cara al sol, me contestó:

—¡Pues a volar!, claro que sí, ¡vas a volar, hijo mío!

Como siempre, mamá lo tomó en serio. Al día siguiente, se me acercó:

—¡Bueno, hijo, a volar!, pero primero debes lograr caminar sin esos aparatos, y agudizar la vista, porque si algo tenemos nosotras, que nadie más posee en la Tierra, es una vista precisa a más de doce kilómetros de distancia. ¿Sabes?, volar no tiene sentido si no miras todo el panorama.

Y así, con sus terapias y mi férrea voluntad, después de tres años, logré caminar sin los aparatos, sin evitar la malicia que devenía de la diferencia en el largo de mis patas; y luego, aunque ya grande para los niveles de educación normal, inicié mi recorrido por la escuela, para aprender como toda águila ¡a volar!

Siguiendo el ejemplo de mi madre, los maestros aprendieron a llevarme sobre sus espaldas, y durante más de siete años pasé volando así, hasta el día en que mi madre, molesta con el director de la escuela, le preguntó cómo podría volar solo si no me dejaban intentarlo. El director respondió:

—Usted sabe que hemos considerado la situación de su hijo, pero la verdad es que tenemos miedo de que al dejarlo solo se precipite sin más hacia el suelo y se mate. Señora, su hijo tiene una pata, pero además un ala más corta que la otra, y eso le afecta el equilibrio. Lo hemos considerado en reuniones de maestros, y al final, lamento decirle que su aguilucho ¡jamás podrá volar!

El impacto que esto provocó en mi madre fue muy intenso. La ilusión se deshojó en segundos, y las falsas hojas se diluyeron en sus pensamientos de incredulidad y de insatisfacción.

—¿Qué dice?... ¿Que nunca podrá volar?... —fijó su vista en mí y disimuló sus lágrimas—. Vamos, hijo, ¡regresemos a casa! —alcanzó a decir con voz temblorosa.

Los días pasaron como los sonidos ahogados de melodías inquietas, sin el entusiasmo del maquillaje que alegra los rostros olvidados. Por las noches, al dormir, mamá ya no se me acercaba, ni siquiera me miraba, la derrota había cabalgado aprisa sobre su espalda, y de un instante sombrío a otro más desdibujado, la soledad y el silencio taladraron, de forma atroz, mis pensamientos.

Pasaron muchos días y noches indiferentes, hasta la ocasión en que soñé con mamá haciendo algo sorprendente: en mi sueño todos dormían excepto yo, la vi levantarse y salir de la casa hacia el acantilado, la seguí sigilosamente, y me di cuenta de que mamá se amarraba el ala derecha a un palo o rama de pino. Y cuando la tenía amarrada, empezaba a mover ambas alas, y la veía planear ficticiamente, como si estuviera imaginando la música de una danza sublime. De súbito, caía al suelo con un ala extendida y la otra recogida con dolor. Mirando al cielo exclamaba "¡No puedo!, ¡no puedo!, ¡no puedo!". Luego se desamarraba el ala y volvía a casa cabizbaja, derrotada, optando por rezar como una monja serena e indiferente, pintada en un retrato inquieto. Así pasé muchas noches, soñando e imaginando en mi sueño a mamá volando con una de sus alas amarrada al palo de pino; pero algunos sueños, como los hechos de una realidad que golpea furiosa, dejan que se consuma el afán de ser diferente, y termina quemando el sabor de ser igual a los demás, el valor de la fuerza de ser diferente es aniquilada por el ansia de pensar y ser como los otros.

... volvía a casa cabizbaja, derrotada...

VI. La realidad

Fue un día terrible de julio, papá, desesperado, me levantó del rincón dentro de la casa y me abrazó. Asustado, traté de comprender por qué todos mis hermanos y mis hermanas estaban paralizados como si fueran piezas de cera en un museo, y su mirada cabizbaja reflejaba la más inmensa de las tristezas.

Papá me apretaba muy fuerte y gritaba en mi oído: "¿Por qué?, ¿por qué?"... Dolían mis plumas, mis huesitos, ¡dolía todo!... Hasta que mi hermana mayor, con fuerza inaudita, me separó de él, y papá salió furibundo, descontrolado y probablemente avergonzado de la casa...

Las lágrimas en los ojos de mi hermana eran un torrente continuo y cristalino. Me abrazaba y apenas balbuceando, con suavidad, decía en mis oídos: "¡Mamá se fue!... ¡Mamá murió...".

No se atrevan a preguntar cuánto tiempo pasé paralizado, sin encontrar la explicación adecuada a mis emociones, sentimientos pensamientos y culpas.

Muchos días pasaron atormentándome con dudas: ¿cómo pasó lo que pasó?, ¿por qué pasó lo que pasó? Todos mis hermanos y mis hermanas dejaron de hablarme y de jugar conmigo. Sus miradas acusadoras me dañaban como navajas afiladas lanzadas por un diestro mago a su cómplice de actos atrevidos y de secretos ocultos.

Me sacaron de la casa, y pasaba día y noche en el rincón de mi infancia, sin moverme, culpándome y acompañado sólo de un rayito de sol en los momentos en que mis ojos se quedaban sin lágrimas... y pensaba en mamá, quería estar con ella... y lo único que calmaba ese dolor era una suave brisa que me acariciaba la cara, cada diez segundos, compadeciéndose de mí, como otra monja serena que cuida a un enfermo aislado, al que todo el mundo ha dado por desahuciado.

No quería recordar las noches eternas en que mi padre gritaba "¡Fue su culpa!", y todos mis hermanos y hermanas callaban, excepto mi hermana mayor, quien, sin poder explicar más, decía, "¡Mamá así lo quiso!, ¡lo hizo por amor!... ¡entiéndanlo!"...

Las palabras de mi padre seguían zumbando en mis oídos y en mi cabeza. Terminaba por replegarme más en mi rincón. "¡Fue su culpa! ¡Fue su culpa!...". "¡Fue mi culpa!", pensaba adolorido...

Hora tras hora, recordaba los grandes momentos que había pasado con mamá... cuatro años había estado ella animándome y ayudándome para que caminara... tres años para que caminara sin aparatos... siete años yendo a la escuela... y de repente... recordaba... la noche en que uno de mis tíos les decía a todos que a mamá la habían encontrado destrozada abajo del gran acantilado, con una de sus alas recogidas y amarrada a una rama de pino... el sueño era verdad... ¡mamá lo intentaba!

No quería dormir, no quería soñar más, sin embargo, el sueño llegó... Vi a mamá salir del rayo de sol inmensa, radiante y alegre, se me acercó y con sus alas secaba mis lágrimas... y acercaba su pico besándome como solo las madres pueden besar y decía suave y con claridad... "¡Hazlo, hijo!... ¡vuela!... ¡sé un águila!...".

VI. El miedo

Un día, como tantos de los que agobian y matan el ánimo, comprendí que tenía miedo, y que mamá se había sacrificado por mí, porque no era su naturaleza volar amarrada. Al mirarme comprendí que debía intentarlo a partir de mi naturaleza, o dejar de pensar que un águila lisiada como yo podría volar como las demás.

En alguna ocasión, había escuchado en la tienda de mamá que alguien le decía, "Más vale fracasar por querer triunfar, que no triunfar por temor a fracasar".

Al día siguiente, en mi rincón del pasado, mi determinación fue planear mis intentos, y lo haría aprovechando que ahora la mayor parte del tiempo estaba solo. Recuerdo que durante esos días a determinada hora de la mañana, únicamente me acompañaba el rayo de sol que aparecía por segundos, y sentía un calor especial que me acariciaba.

A partir de ese día, en esos momentos de soledad empecé a mover mis alas, intenté correr como un avión que se desplaza para alzar el vuelo, pero solo corría, debía salir de la casa porque la distancia no me permitía levantarme, pero no me animaba a salir, y pasé muchos días corriendo adentro de la casa y moviendo mis alas. Hasta que comprendí que el problema no era solo la distancia, sino la velocidad, corría levemente, con un pequeño movimiento oscilatorio de sube y baja, producto de la diferencia de longitud de mis patas; o como un péndulo atrofiado que oscilaba de izquierda a derecha sólo en una tercera parte de su capacidad.

Una mañana se me ocurrió hacer el esfuerzo de subir al techo de la casa, y lanzarme al vacío para intentar volar, busqué la escalera que papá tenía e intenté subir, esa escalera se volvió larguísima, y después de un gran esfuerzo logré llegar al techo y me asusté, el piso de la casa desde arriba se veía enorme y me dio mucho miedo, y pensaba si lanzarme o no, ¡tenía mucho miedo! Miré hacia el cielo, y vi el azul que me señalaba con sus dedos finos y, con esos mismos dedos, escribía con las nubes "¡Hazlo!, ¡hazlo!".

No se cómo empecé a llorar mirando hacia la escalera. Un frío cosquilleaba mi cuerpo, y un miedo gigantesco hirió mis pensamientos, logrando que mi valentía cayera de rodillas. Un estridente alarido decía: "¡Tonto, no eres un águila!, ¡no eres un águila!, ¡acéptalo!, ¡no eres un águila!". Quise acercarme a la escalera, pero resbalé y me deslicé raudo sobre el tejado, intenté reaccionar, pero pudo más la inercia de mi cuerpo atrofiado, y solo logré ver que llegaba al límite del tejado, y en un instante caí al vacío.

Sentí el impacto en la roca de la superficie donde se erigía la casa, tenía las patas adoloridas; algunas de mis plumas estaban desparramadas, y mis alas en desorden, como las sábanas en las camas de mis hermanos, sin arreglar por la prisa de ir a la escuela cuando les agarraba la tarde. ¡No sé cuánto tiempo pasé echado en el suelo!, solo mis ojos permanecían activos, y después empecé a reflexionar en las palabras que taladraban, de forma salvaje e impune, mi mente y mi ser: "¡No eres un águila!, ¡no eres un águila!". Con mi estrepitosa caída, también se habían hecho añicos mis pensamientos, mis sentimientos y mis metas de lograr volar algún día.

Quedé inconsciente y sólo pude reaccionar cuando sentí sobre mi rostro el rayo de sol que me acariciaba. No era el momento para que el rayo de sol apareciera generoso. Desconcertado, pude incorporarme, sólo tenía tiempo para retirar y guardar la escalera. Me dirigí con pesadez a mi rincón, a pensar en los hechos de mi fracaso.

El día siguiente llegó con una brisa refrescante. Analicé las causas de mi fracaso, sentí miedo y perdí la concentración. Quizás debía intentarlo otra vez, en un lugar con mayor altura, y al lanzarme, debía agitar las alas con fuerza, velocidad y sin miedo, como si fuera el inicio de una partida hacia mi vuelo, mirando hacia el horizonte, no a la profundidad.

El valor resurgía en mí, erizándome las plumas, y estando en mi rincón, pensé en un nuevo intento, justo cuando levanté la cara, como buscando la caricia del rayo de sol. Luego, un ardor de ángeles me abrazó en medio de una mañana nebulosa y fría.

"¿Dónde puedo intentarlo nuevamente?", pensé.

Decidí intentarlo en un montículo de tierra que estaba a unos cien metros de la casa, donde mis hermanos jugaban y simulaban estar en guerra. Recordé que a mamá no le gustaban esos juegos, siempre decía que la guerra era cruel y propia de los humanos, y no teníamos que retomarla, ni siquiera en juegos. "¡Eso de matar por matar es feo!", decía, sin que ninguno de mis hermanos se molestara en escucharla.

Con mi estrepitosa caída, también se habían hecho añicos mis pensamientos, mis sentimientos y mis metas de lograr volar algún día.

VIII. El intento

Llegó la mañana del intento, y me dirigí al montículo, subí con dificultad la vereda, que ya casi era imperceptible, y logré llegar a la cima, la casa se veía empequeñecida. Ahora mi miedo se había convertido en pánico, y mi primer impulso fue correr hacia abajo y desistir.

¡Pero no!, estaba decidido a intentarlo, y me quedé quieto, sin moverme al filo del montículo, me concentré mirando al horizonte, mi consigna era mover las alas con mayor velocidad, sin desesperarme. Cerré los ojos y sentí que era parte de este mundo maravilloso. Levanté mis alas y me lancé al vacío.

Cuando abrí los ojos quise recordarlo todo, pero el dolor fue intenso, desgarrador, había un vacío en mi panza, las patas las sentía inflamadas como pelotas exageradas para juego de niños. Un líquido oscuro había salido de mi cabeza y mis alas nuevamente estaban desordenadas y maltrechas. Sin moverme empecé a reaccionar; luego moví mi cuello, y sentía que unos cuchillos toscos entraban sobre mi cabeza. La casa la veía lejana y burlona, como en un sueño surrealista. Traté de mover mis patas y mis alas, pero sentía como si una plancha de hierro me aplastara el cuerpo, tenía dificultades para respirar y, otra vez, quedé inconsciente.

La mano del rayo de sol volvió, desde las entrañas del universo, a tocarme. Empecé a arrastrarme para llegar a casa. Después de muchos intentos, me deslicé hacia mi rincón, recordé a mamá y sus caricias y sus masajes, penetré en un sopor divino que me permitió olvidarme por un momento del tremendo dolor. Nunca imaginé que el dolor tenía la gran bondad de sumergirme en el sueño para que no lo sintiera. Así pasé varios días.

Cuando se esfumó el dolor, recordé la brisa que me acariciaba antes del golpe. También, que no abrí los ojos durante el suceso. Ignoraba si había movido las alas en la altura insuficiente. Al final me ensimismé en la cotidianeidad de la vida familiar y traté de olvidar.

Una mañana caminé siempre con torpeza hacia el montículo y observé toda la escena, fue cuando descubrí algo sorprendente: el sitio donde caí estaba distante. Todo indicaba que me había distanciado del montículo en mi intento por volar. La probabilidad de que hubiera movido las alas era factible, y me decía que con más altura y con los ojos abiertos podría lograrlo, pero no había otro lugar con más altura que el propio acantilado, y recordé las palabras de mis maestros: "¡Su hijo nunca podrá volar!, si lo dejamos solo, se mata". Luego de mi descubrimiento, corrí a casa y me deslicé en mi rincón a protegerme de mi destino. ¡Ese momento no me apresaría!, aunque nunca había sentido tanto miedo.

Durante muchos días, me vi volar más alto que cualquier águila. Soñaba despierto y saludaba desde las alturas a mi madrecita. En el sueño, mamá se acercaba y me besaba, me decía:

—¿Por qué estás tan feliz?

Y yo, sonriéndole, le correspondía con abrazos y con besos, pensando simultáneamente "¡Estoy volando, mamá!", y me dejaba perder entre sus alas.

No sé cuándo empecé a levantarme por las noches, así como lo hacía mamá. Llegaba al acantilado y me horrorizaba al ver la pequeñez de lo que había abajo; la noche me provocaba visiones, y regresaba corriendo lo más rápido que podía a la casa. Noche tras noche, me enfrentaba al monstruo que quería tragarme.

Una mañana lo decidí, y en mi imaginación abracé a toda mi familia cuando salían de casa, el último fue papá, no me hablaba, pero con sus ojos me decía que ya no me culpaba... Quedé solo con la vida y el mal que nacía en las sombras de mi mente, producto de mis miedos, la muerte y sus manos de tenaza.

Estaba decidido, sería ese día, ¡esa mañana! Llegué firme al pie del acantilado, me concentré, pero no cerré los ojos, vi directamente hacia el horizonte, recordé que alguien, en una ocasión pasada en la tienda de mamá, había dicho que ¡el éxito se refleja en los ojos y en la postura, y que todos debíamos de ser dignos de ir tras él!; el águila débil tiende a mirar hacia abajo, o esquiva su mirada ante las miradas de las demás; el águila triunfadora mira hacia adelante con la cabeza erguida, y si yerra, nadie se atreve a decir que es una perdedora, porque lucha; ¡muchas águilas cobardes fracasan aún antes de haber intentado lo que debían hacer!

Un momento de quietud. Me concentré, respiré fuerte con tranquilidad, abrí mis ojos y con la mirada hacia adelante me lancé al vacío, mi cabeza iba erguida, estiré mis alas y las empecé a mover, caía y caía, me concentré en mi cuerpo y movía mis alas sin agitarme, caía pero me alejaba del acantilado, sentía una brisa acariciante y, cuando veía hacia abajo, levantaba nuevamente la vista, hacia el horizonte... y descubrí que estaba hecho ¡para volar! Ladeé mi cabeza, y seguía cayendo, y pude ver a otras águilas que asustadas me miraban en su vuelo, horrorizadas, cerraban sus ojos para no ver el desenlace fatal.

Caía y cerré por unos instantes mis ojos y me concentré en mis alas, el acantilado estaba distante. Empecé a conocerme, y dejando de mover mis alas, me di cuenta de que podía suspender mi cuerpo, y encauzar mi viaje hacia donde quisiera. Estaba aprendiendo a planear, pero seguía cayendo. "Mejor me ocupo de mover mis alas", pensé. Intenté muchos movimientos, pero de repente, perdí el control y empecé a caer en barrena, girando descontroladamente sobre mí mismo, y fue ahí que me dije "¡Es el final!", y me dejé caer al vacío.

Mientras caía, recordé toda mi vida, y el agua imperceptible del pasado empezó a salir de mis ojos, ¡eran lágrimas!, ¡lágrimas de la vida y de la diferencia! Comprendí que había dejado de ser discapacitado cuando acepté mis limitaciones y emprendí el camino, había sido una lucha para ser mejor, una lucha contra mí mismo. Lo había logrado, sin embargo, ¡seguía cayendo!, pero en ese momento recordé la rama en el ala de mi madre e instintivamente encogí mi ala.

Logré ponerme tieso y evité los giros, abrí como nunca mis ojos, miré hacia adelante e intenté mover mis alas para mantener el control, caía, pero cuando estaba a pocos metros del suelo, me concentré en mantener encogida mi ala más larga y logré el equilibrio, y fulminante salí disparado en forma paralela a la tierra, y me elevé, me elevé, ¡como nunca un águila se había elevado! Y en lo más alto me regocijé en mi soledad, supe que ese era mi momento.

... y logré el equilibrio, y fulminante salí disparado en forma paralela a la tierra, y me elevé, me elevé...

La noticia de mi muerte circuló por todos los acantilados, los rumores y las malas noticias son más veloces que la parte hermosa de la vida porque muchos cierran sus ojos y dan la espalda ante lo que creen son supuestos fracasos. Y no es nada más que la esencia del triunfo.

Volé y recuperé en un instante mi tiempo, y me congratulé de toda la experiencia que había obtenido, volé y recordé a mi madre, y volví a mi acantilado, a casa.

Me costó ubicarlo porque nunca lo había visto, por mí mismo, desde otra posición. Cuando lo logré, me dirigí hacia ahí, y me asusté, nunca había visto tantas águilas juntas, daban a mi familia las condolencias. Volé sobre todos y me posé directamente en la entrada de mi casa, donde escuché a mi padre preguntar:

—Pero ¿dónde está?, ¿dónde cayó?

Y al prefecto de la Policía responderle:

—No ubicamos aún el lugar exacto, pero le recomendamos que mejor lo recuerde como era.

... volví a mi acantilado, a casa...

Entré, y el silencio se apoderó de todos. Mi padre, con su torrente de lágrimas, corrió a abrazarme.

—¡Hijo, estás bien!

Lo abracé, y las únicas palabras que pude expresar fueron:

—¡Vuela conmigo!, ¡a mi lado, por primera vez!

Volamos solo los dos. Todas las sensaciones del mundo, los sentimientos y los recuerdos estaban puestos en mamá... Papá dijo:

—¡Hijo, no creo tener la fortaleza de soportar otra vez lo que le pasó a mamá!...

Se acercó a mí y en el aire me abrazó... y entendimos que desde ese momento, solo el cielo era el límite.

... Volamos solo los dos... y entendimos que, desde ese momento, solo el cielo era el límite.

Días después, experimenté una sensación de fe al volar, me elevaba tanto, que me dejaba llevar en dirección al sol, en sus puestas coloridas. "¡No huyas!, ¡conversemos!", le decía, y le regalaba la mejor de mis sonrisas.

En ocasiones pensaba en lo que había logrado después de catorce años intentando alzar el vuelo, cuando casi todas las águilas lo logran en veinte días que pasan desplegando sus alas y elevándose brevemente en su nido... ¡Sí!, después de catorce años aprendí a volar. Y ahora era reconocido por todos, aunque yo prefería la soledad de mis vuelos a la injerencia inconsciente de los demás.

¡Aprendí a volar!, después de todo era un águila, y el espíritu tenía que aflorar. Lo que era un milagro para papá para mí era, además, producto de un cansancio tremendo.

El esfuerzo me trajo resultados, y lo imposible fue posible, lo había logrado.

Este hecho diferente, especial y de pleno sacrificio, unió más a la familia. Junto con papá, mis hermanos y mis hermanas nos acompañaron en nuestros vuelos. Rompíamos el viento como cometas fugaces, porque nos unían la fuerza y la plenitud de la vida.

En los vuelos futuros la abundancia se volvió poesía, vida, amor, compañía. Historias inverosímiles fueron verdades de seres únicos. La música se transformó en aire, agua, cielo y tierra. Vientos y silencios recopilaron pasiones y pensamientos diferentes. Aglutinando deseos, sueños y realidades.

Todo se volvió una explosión de volcanes coloridos. Reflexiones filosóficas marcaron las señales del camino. Miles de versos repitieron la hazaña de un aguilucho que se convertía en águila. El viento de cono estéreo susurraba la canción de la vida...

"El silencio cobijó mis harapos de huesos
                              sin claros atrevimientos.
Amamantó pedazos de ilusiones
            que se transformaron en viveros reacios,
      negó los mantos ocultos de un destino
           agazapado ante presagios dudosos
                  y esquivos especímenes de males
                  añejos y carcomidos.
El silencio, ese hermano perspicaz,
se convirtió en el incondicional aliciente
                  de la espalda desnuda...
      de la mente solidaria que amaneció conmigo,
           susurrando palabras atrevidas:
           ¡Inténtalo!... ¡puedes lograrlo!... ¡hazlo!

IX. El esfuerzo

No sabía del viaje que, a sus cuarenta años, papá debía realizar porque era ineludible y lo enfrentaban todas las águilas. Pregunté:

— ¿A dónde va papá?

—Con el tiempo lo sabrás. Debo estar a su lado en estos momentos —dijo mi hermana.

La familia se reunió cuando papá fue a su viaje de vida, todos quedamos en casa, pero yo sentía otras inquietudes, insistí a mi hermana para que me explicara la razón de ese misterioso viaje.

—Los mayores saben del significado de este viaje, papá hará un esfuerzo por vivir, es un viaje de vida o muerte —dijo ella.

Desde hacía unos años venía observando a papá, se le apretaban las garras, ya no conseguía atrapar con facilidad lo que cazaba, su pico lucía encorvando hacia su pecho, sus alas envejecidas le pesaban, y sus plumas estaban gruesas, pero había optado por vivir.

Recuerdos se agolparon en mi cabeza. Papá levantándome de mi rincón para acostarme cerca de mamá, todas las noches, y de vez en cuando, de forma disimulada, me daba besos distraídos y las buenas noches, llamándome "¡Campeón!". Recordé también algunas reuniones familiares, estaban los abuelos, las abuelas, los tíos, las tías, los primos, las primas, los hermanos, las hermanas, los papás y las mamás, hasta los buenos amigos, esos que comparten los momentos alegres y tristes de la vida, porque la vida es así, pero se comprende mejor cuando se está acompañado. Los tiempos desde hace algunos años venían cambiando, y aquellas reuniones, aunque no dejaron de existir, se vivieron cada vez con menos miembros de la familia.

Papá nos abrazó a todos y salió a su viaje clave. Me dijo que la decisión se le había facilitado, y que quien le había dado la fuerza y el valor era yo; lo gritó cuando se elevó por los aires. Sin embargo, sus ojos no reflejaban decisión, sino duda y la semilla de un miedo desconocido.

En la madrugada de esa noche, me levanté y caminé hacia el acantilado, las estrellas iluminaban como nunca la oscuridad, la luna estaba muy condescendiente, se respiraba un aire fresco, y pensé en papá. Las estrellas se unieron formando una figura en lo más alto del cielo, y hacia ellas dirigí una petición de fe por mi padre.

Antes de que mi hermana mayor saliera, me le acerqué para que me explicara adónde había ido papá, y si podíamos acompañarlo. Me explicó que él tenía que buscar un acantilado lejano, alto y con un risco prominente que lo protegiera de los vientos fuertes, porque iba a pasar ciento cincuenta días ahí, haciendo lo que las águilas debían, aunque ninguna sabía exactamente cómo, en realidad pocas se animaban, pues era algo muy peligroso y doloroso.

De las que habían partido, algunas habían regresado renovadas, y cuando llegara el momento, lo haría yo, así como mis hermanos y mis hermanas, si queríamos seguir viviendo.

—¿Qué se hace? —pregunté.
—¡Luchar por la vida, pequeño!
—¿Cómo?
—Papá debe golpearse el pico contra el risco hasta arrancárselo, luego debe esperar a que le nazca uno nuevo, y con él arrancarse las garras de las patas. Cuando estas le nazcan otra vez, deberá quitarse las plumas viejas, algunas se le caerán

solas, pero otras no, y finalmente, debe esperar a que le nazcan plumas nuevas, y aprender a volar otra vez.

—¿Y cuánto tiempo le va a llevar?

—Cinco meses, ciento cincuenta días, pero nuestro Padre lo va a lograr, tiene un buen ejemplo de tu lucha, y vendrá aquí, renovado.

En mí quedó una inquietud, un sinsabor, fue cuando volví a ver mi cuerpo, y pensé que ese día llegaría también para mí.

Papá… salió a su viaje clave, sus ojos no reflejaban decisión, sino duda y la semilla de un miedo desconocido.

X. La vida

En la escuela también aprendí a leer, y por eso, por las tardes me gustaba ir al filo del acantilado con un libro entre mis alas. Pero desde el día que papá había partido, el gusto por la lectura había desaparecido, no podía quitar de mi cabeza la imagen de mi padre.

Por eso decidí volar y volar… y no sé por qué, de pronto estaba sobre riscos desconocidos, elevados, y luego me di cuenta de que buscaba a papá. Así se inició mi búsqueda, tarde tras tarde, día tras día, buscando a papá.

Cada vez que regresaba a casa, llegaba más tarde, y mi hermana me reprendía, no le gustaba que anduviera volando solo y de noche. Precisamente, una noche, llegué a un risco oscuro y percibí una especie de cueva. Me llamó la atención porque ahí el viento no circulaba. Me escondí en la parte de arriba del risco y me quedé enfrente de lo que parecía era la entrada de la cueva, pero cuando mis ojos se acostumbraron a la oscuridad, percibí que no era una cueva, sino la sombra que se dibujaba en la oscuridad de la noche, producto de los reflejos de la luz del cielo. No era una cueva, solo un risco con un amplio espacio como para albergar a un águila en proceso de renovación.

En ese momento percibí la figura maltrecha de un águila torpe y envejecida, afiné mis ojos de águila y reconocí a mi padre, tuve el impulso de ir raudo en su auxilio, pero algo me frenó, y me quedé observando.

Papá estaba haciendo un esfuerzo tremendo por golpear su pico contra el risco, y me invadió la tristeza. Mi padre, el águila poderosa, lloraba, ¡el águila a quien todos admiraban porque tenía un hijo especial, convertido en héroe! Él lloraba, y ahí, escondido, no pude evitar que se derramaran mis lágrimas, mis ojos se desbordaron, y lloré por él.

Agazapado, no quería volver a casa, quería permanecer cerca de papá, pero decidí regresar a casa; seguramente, mi hermana me castigaría por no obedecerla, pero no importaba, ubiqué y delineé bien el risco para no perderlo, porque sabía que iba a regresar al día siguiente. Esa noche mis hermanos y mis hermanas solo me miraron en silencio, y me sentí comprendido.

… Mi padre, el águila poderosa, ¡lloraba!...

Cuando volví al risco, en sigilo, papá hablaba solo, y preguntaba a la inmensidad del universo: "¿Cuándo se va a caer este pico?, ya no aguanto el dolor en todo el cuerpo, y tengo que seguir golpeándolo, ¡ya no soporto el dolor que me sube a la cabeza!". En ese momento calló, miró hacia el cielo, y decidido se volvió iracundo hacia el risco y golpeó con furia su pico contra él, golpeó y golpeó.

Observé que su pico era un guiñapo que le colgaba como chorcha de gallo, hasta que salió disparado a pocos metros de distancia, lanzó un alarido, que me sacudió todo el cuerpo, un alarido estridente, y cayó desmayado.

Contra todo, me lancé hacia él y me senté a su lado, puse su cabeza sobre mis patas y le empecé a acariciar la cabeza, por momentos trataba de abrir sus ojos, pero mis lágrimas me impidieron ver si lo había logrado, después de no sé cuánto tiempo, lo arrastré hacia lo más quieto del risco y lo acomodé sobre unas hojas secas y lo dejé. Volé en la oscuridad de esa noche, volví a sentir el calor del sol, sin que estuviera ahí ningún rayo de luz amarilla. Al llegar a casa, abracé fuerte a mi hermana, quien ya no pudo articular palabras, disimulé mis lágrimas, pero Dios sabe que por más que uno quiera disimular, el corazón y la sangre de los miembros de la familia lo perciben, y en ese momento deciden permanecer en silencio, acompañándonos en nuestro instante.

Los días siguientes observé que papá apenas se movía, en varias ocasiones me acerqué, y le di agua, lo que fue un pico parecía un trapo viejo y arrugado, como la mueca sin forma de un viejito desdentado. Al sentir que papá podía volver en sí, lo dejaba y volaba a lo alto del risco, y cuando era tarde, volaba a casa.

Con los días, el pico empezó a nacer, y papá se animó mucho, y a pesar del dolor que implicaba, lo veía más tranquilo, sin casi moverse, las garras se le habían encorvado y parecían cascos de caballo, y al caminar no soportaba su peso, por eso optaba por estar quieto. Cuando anochecía, yo volvía otra vez a casa.

Llegó el día. El pico de papá estaba grande y fuerte. Desde lo alto observé cuando hizo una reverencia al infinito, y decidido empezó a arrancarse las garras con el pico, de vez en cuando se quitaba alguna de las plumas viejas que, juntas, le pesaban como un abrigo encanecido por el efecto de todos los años pasados.

Ese día, volví a inquietarme, sentí la presencia de alguien en mi entorno, y papá volvió a llorar, pero al observar comprendí que no había nadie. Papá se metía el pico bajo alguna de sus garras, y como estaban unidas, el dolor lo estremecía, y lanzaba un alarido intenso como el grito que se lanza al aire, producto de la impotencia, cuando muere alguien que nos ha llenado de vida. Papá tardó más días de los necesarios para arrancarse sus garras viejas, ¡pero lo logró!, no sin experimentar muchos desmayos, los cuales aprovechaba yo para acercarme, acariciarle la cabeza y apoyarla en mis patas. Luego lo dejaba dormir como si fuera un bebé despreocupado, y yo marchaba a casa.

Pasaron los días, y papá, después de haberse arrancado las garras, empezó a ver cómo le nacían de nuevo, y cuando por fin germinaron fuertes, decidido y tempestuoso, se arrancó de tajo todas las plumas viejas que le estaban quedando, y varios días pasaron en que se sintió débil como un pollo solitario y abandonado, hasta que llegó el día en que lo vi ponerse en posición. Solo estaba un poco calvo en algunas partes de su cuerpo, pero papá era otro; alegre decidí no regresar más al risco, y opté por esperar a que papá llegara a casa, solo unos días pasarían para el reencuentro.

… lo vi ponerse en posición… papá era otro…

Esa noche pregunté a mi hermana:

—Cuando a papá le nazcan las plumas, ¿cuánto debe esperar para regresar a casa?

—Después de que las alas le nazcan de nuevo y se pongan fuertes, papá debe aprender a volar otra vez, debe tener la fuerza para intentarlo —expresó ella, y con una sonrisa dijo—. ¡Papá lo intentará y lo va lograr pronto!

Hubo una gran algarabía la noche que papá llegó a casa, ¡desconocido!, ¡rejuvenecido!, toda la familia estaba orgullosa de él, y después de unas horas de conversaciones y de recuerdos, papá se me acercó.

—¡Hijo!, es duro lo que tenemos que afrontar. Hubo ocasiones en que no podía más, pero quiero decirte que cuando más desfallecía, sentía que el recuerdo de tu presencia estaba ahí, conmigo. Siempre cuando ya no aguantaba, ¡soñaba que tú estabas ahí, conmigo!, ¡te amo! —me dijo, y me abrazó y lloró conmigo.

En ese momento llegó mi hermana diciendo:

—¡Está prohibido llorar!

Y se fue con él a bailar la danza que le habían robado al cóndor, ¡papá era otro!, y volvía a tener la vida por delante. El recuerdo de mamá se impregnaba en todos y todas resaltando lo más valioso que se puede tener, ¡la familia!

Me fui caminado despacio y satisfecho hacia el acantilado, escuchaba las risas y los gritos de todos, hasta que después de unas horas se fueron apagando. Con el silencio, miré al cielo, y me estremecí, volví a sentir la presencia extraña que percibido en el acantilado donde había estado papá en su martirio, sentí una sombra fugaz, y girando rápidamente, vi un rayo luminoso y de ahí, como de otra dimensión, apareció mamá, que me miraba con amor desde el montículo, voló hacia mí, me abrazó, me besó, y en silencio, me dijo en el oído:

—Yo estaba ahí contigo, hijo. ¡Siempre estuve ahí, contigo!

En el abrazo, logré mirarla y le pregunté:

—Mamá, ¿qué pasará cuando me llegue el momento?

Con sus alas tapó mi pico, y me respondió:

—Hijo, ¡tú hace años que te renovaste!, ¡hace años que eres un águila!, ¡eres único!, ¡lo lograste!, porque como pocos tuviste el valor y la decisión de "atar tus sueños a las estrellas", y además, ¡yo estaré ahí, contigo!, ¡hijo lindo, yo estaré ahí contigo!, ¡otra vez!, y ¡siempre!

... ¡yo estaré ahí contigo!... ¡otra vez!... y... ¡siempre!

XI. El legado

La noche me abrazó de forma muy particular, todos dormían, y mi cabecita seguía girando alrededor de recuerdos saturados de un insomnio fructífero y entusiasta. Pensaba en el futuro, y las ideas dejaban de danzar para aquietarse en las fuentes del deseo y la voluntad. Más allá de las palabras que encienden los tiempos, se empezaba a dibujar un destino de jaleas soñadas, el propósito de dar la mano y entregar el alma se cernía sobre la montura de un unicornio cabalgando con una celeridad de dioses complacientes, el compromiso de facilitar a otros senderos circulantes, que finalmente aprendieron a caminar derechos. Decidido, optaba por entregar a otras águilas los ladrillos de un amor de aires añorados, coloquios de un afán creciente de soles maravillados e interesados en solidificar y en entregar las bases de un aprendizaje que moldea la razón de un existir protagónico. Así me nació el ideal de contribuir para forjar la realidad de águilas necesitadas, así me creció la vena, en las adversidades, así aprendí a ser para otros lo que debía ser para mí, y me convertí en maestro.

Volé sobre sitios únicos e indescriptibles. La lejanía se dormía conmigo. Y enseñé a muchas águilas a soñar en grande, y a superar sus miedos.

Muchas aprendieron a aceptar las diferencias, y otra vez, el infinito de versos, en coro, lanzó la última salutación al esfuerzo solidario y honesto. Un tributo esencial al mar de alas solidarias, delineadas como pocas en un cielo abierto, celeste y amarillo.

Por eso, al final, la vida también terminó de abrazarme de forma peculiar, y así nació esta historia, la historia de todos los seres diferentes.

… así nació esta historia, la historia de todos los seres diferentes.

El viento en sigilo se quedaba con todos susurrando su otra canción:
"Rompí vientos poderosos,
muchas paredes calcificadas y caudales celosos.
Conocí la raíz de la impotencia,
      extremidades oscuras,
      dudosas maneras,
      burlas ocultas,
      provechos carcomiendo diáfanos ideales,
      oscuros maltratos,
      rojos desprecios,
      semillas de pasiones extraviadas…

De la nada progresó el alimento del sufrimiento,
el molde de laureles diferentes,
y la visión de senderos prodigiosos.

Las manos gritaron su blanco empeño,
y raíces de humedades refrescantes
       descubrieron la verdad y el valor de la vida".

Índice

Prólogo	7
I. El descubrimiento	9
II. La familia	17
III. El propósito	21
IV. La perseverancia	25
V. El sueño	31
VI. La realidad	37
VI. El miedo	41
VIII. El intento	47
IX. El esfuerzo	57
X. La vida	63
XI. El legado	71

Editorial LibrosEnRed

LibrosEnRed es la Editorial Digital más completa en idioma español. Desde junio de 2000 trabajamos en la edición y venta de libros digitales e impresos bajo demanda.

Nuestra misión es facilitar a todos los autores la edición de sus obras y ofrecer a los lectores acceso rápido y económico a libros de todo tipo.

Editamos novelas, cuentos, poesías, tesis, investigaciones, manuales, monografías y toda variedad de contenidos. Brindamos la posibilidad de comercializar las obras desde Internet para millones de potenciales lectores. De este modo, intentamos fortalecer la difusión de los autores que escriben en español.

Ingrese a www.librosenred.com y conozca nuestro catálogo, compuesto por cientos de títulos clásicos y de autores contemporáneos.

www.ingramcontent.com/pod-product-compliance
Lightning Source LLC
Chambersburg PA
CBHW031226170426
43191CB00030B/293